dem lieben Leben

Enrico Genz

Fuffzich Sachen

Gedichte eines altmärkischen
Tagelöhners

Impressum

1.Auflage

© 2022 Enrico Genz

Herstellung und Verlag:

BoD - Books on Demand, Norderstedt

Bibliografische Information der Deutschen Nationalbibliothek:

Die Deutsche Nationalbibliothek verzeichnet diese Publikation

in der Deutschen Nationalbibliografie; detaillierte bibliografische Daten

sind im Internet über dnb.dnb.de abrufbar.

ISBN 9783755798989

Enrico Genz

Fuffzich Sachen

Gedichte

I

Mein Revier

Weil ich an das Schöne glaube
hab ich eine Gartenlaube.
Mit nem Vordach gleich daneben-
schönes Ding, das ist sie eben.

Schmiegt sich an den Apfelbaum,
der Kavalier, man glaubt es kaum.
Der Wein sie farbenfroh belohnt,
weil er bei ihr zur Miete wohnt.

Die Rosen spiegeln ihre Wonne
und schützen sie vor zu viel Sonne,
und auch der Igel kennt genau
ihr'n Vorteil für den Wohnungsbau.

So hör ich unter ihren Dielen
manchmal die Igelkinder spielen-
wenn draußen ihre Igelmutter
sich schnaufend abmüht mit dem Futter.

Ich sitze oft und gern in ihr,
sie schenkt mir Schutz und Ruhe.
So inspiriert mich mein Revier
zu allem, was ich tue.

Früher

Früher hat alles nach Kuchen gerochen
und Omas Küche war groß.
Früher bin ich gern in Höhlen gekrochen,
als wollt` ich zurück in den Schoß.

Früher hab ich mit empfindlichen Ohren
nachts heimlich Radio gehört,
hab mich gern gegen die Lehrer verschworen
und ihren Blödsinn gestört.

Früher haben Mädchen Carina geheißen
und manche Jungen wie ich.
Klettverschlussschuhe,- natürlich die weißen,
kämmen nur gegen den Strich.

Früher, da wurde noch schießen *gespielt*
mit 20 Mann um den Block,
hab immer nur auf die Beine gezielt,
und mein Gewehr war ein Stock.

Früher hab ich 10 Zentner Kohlen geschippt
für Schokolade von drüben.
Bin nach nem Bier aus den Latschen gekippt
aber das kann man ja üben!

Früher bin ich in die Kirschen gegangen
fettes Gelage mit Staren.
Hab mit dem Rauchen angefangen
und bin gern Moped gefahren.

Früher haben wir Musik aufgenommen,
heut wird sie runtergeladen.
Niemand ist für die Fitness geschwommen,
wir waren in der Kieskuhle baden.

Früher haben die Alten von Früher berichtet
aus ihrer eigenen Sicht.
Ich hab mal eben mein Früher verdichtet
früher konnt ich das nicht.

Tagelöhner

Viele Leute sorgen sich
sei es drum,- ich lebe.
Lebe einfach vor mich hin
achte, dass ich gebe.

Such nicht Schätze, grab nicht Gold
freu mich meiner Tage.
Hab nur manchmal mehr gewollt
als ich auch ertrage.

Begeisterung und frohes Schaffen,
das lob ich mir am meisten.
In meiner Hochzeit stures Raffen
will ich mir gar nicht leisten.

Selbst ich verkaufe auch schon mal
ein Stückchen meiner Tage,
dass ich mit gradem Rücken gut
zum Unterhalt beitrage.

Ich trau dem schnöden Mammon nicht,
zu hoch ist mir sein Preis.
Leb fröhlich weiter vor mich hin
und klemm mir manchen Scheiß.

So habe ich zu guter Letzt
tatsächlich wen'ger Sorgen,
kann sagen, dass mein Leben fetzt
und muss mir auch nichts borgen.

TXT

Texte machen, Texte hören,
Texte glauben, Texte stören,
Texte verwässern, Texte studieren,
Texte verbessern, Texte kopieren,
Texte zerhacken, Texte beleuchten,
Texte verkacken, Texte befeuchten,
Texte drucken, Texte spüren,
Texte verkaufen, Texte verlieren,
Texte entsorgen, Texte bestreiten,
Texte verborgen, Texte verbreiten,
Texte verbannen, Texte verbieten,
Texte verschlüsseln, Textfindungsriten,
Texte kommen, Texte gehen,
Texte verstecken, Texte verstehen,
Texte verstanden, Texte schreiben,
Texte landen, Texte bleiben.

Tausendschön

Kühl die Hände, warm das Herz,
taumele ich durch den März.

Freue mich am Lebensspiele,
atme bunte Glücksgefühle.

Steh im weichen Blütenschnee,
nichts und niemand tut mir weh.

Habe alle Zeit vergessen,
bin zufrieden wie besessen.

Strebe, geh mit starkem Gang,
wühle mich durch Sturm und Drang.

Tanze mit den jungen Birken
während alte Zauber wirken.

Nachts falln, Noten in die Lieder,
fruchtbar warme Regen nieder-

zu durchdringen alle Schichten
und Gedanken zu verdichten

die da schlafen in den Samen,
die vom letzten Jahre kamen.

Und ich fühle, wie Ideen
tief in mir spazieren gehen

wie in einem wilden Garten
Rosen aufs Erblühen warten

harren dem Zenit der Jugend,
mit dem Alter kommt die Tugend-

die entrückten Meistersänger
tausendschöne Wiedergänger.

Pfingsten

Pfingsten,- Sonne, blauer Himmel,
Frühling platzt endgültig auf,
Menschen, Mäuler und Gewimmel,
Baumarkthype und Pflanzenkauf.

Gierig wird jetzt Licht gesoffen,
Leute, Tiere, Busch und Baum,
alle Knospen sind schön offen,
Bühnenbild und Lebenstraum.

Vogelwelt der tausend Kehlen,
schöne Stimmen und Gekreisch.
Und die Grillkamine schwelen
unter rotgebeiztem Fleisch.

Junge Hüpfer lungern lüstern
vor dem Supermarkt herum.
Freuen sich der Liebe Knistern-
aus den Autos kommt Bum Bum.

Sonnensegel, Kunst und Koma
fliegen lässig übers Land.
Birkengrün ist sowieso da-
deshalb unerkannt.

Bauer sprüht vor Lebenslust,
Storch zieht seine Bahnen,
Architekten planen Frust-
den sie nicht mal ahnen.

So unbekümmert wie zurzeit
sieht man die Bürger selten-
trotz ihrer Lebensfeindlichkeit
in engen, kleinen Welten.

Doch nun ist Pfingsten, heil'ger Geist-
erbarme dich der Leute.
Und zeig dich herrlich, laut und feist
der fehlgelenkten Meute.

Musik

Musik, das wusste man schon immer-
macht alles besser, selten schlimmer.
Musik, ich mein keine spezielle,
kreuzte in mir so manche Schwelle.

Musik, das sind der Musen Sänge
erhellen, weiten jede Enge.
Bewegen uns und inspirieren,
dass wir die Klänge in uns spüren.

Der Urknall war wohl' s erste Stöhnen-
er hat nie aufgehört zu tönen.
In jeder Wiese lauert Klang-
und jeder Stein wird zu Gesang.

Der Wald, und alles was da wohnt,
hat schließlich schon sich selbst vertont.
Und auch die Flüsse, so sie fließen,
wolln uns mit ihren Wellen grüßen.

Des Weltalls bunter Liederkranz
macht nebenbei uns heil und ganz.
Wenn wir sein Wirken nicht zerstören
und achtsam in die Stille hören.

Hier unten in der Augenwelt
wird Muse derweil schnell zu Geld.
Selbst Haustiere könn' komponieren-
wofür die Herrchen dann kassieren.

Musik bedeutet mir sehr viel,
genieße Schwingung und Gefühl.
Sie schenkt mir Freude, Schwung und Kraft-
was Geld bei mir noch nie geschafft.

Das Größte

Ich bin kein Gläubiger, weiß Gott!
Und dennoch gibt es was,
das größer ist, als ich es je zu sein vermag.

Kein Platz für Wissen, Recht und Spott
und nicht die Zeit, dass ich es mir dafür versag.

Denn dieses Größere find' sich im Kleinen,
beherrscht mich, wenn ich nicht dran denk'
und wenn das Glück mich packt
als müsst` ich weinen,
dann bin ich seiner eingedenk.

Abends aufm Hof

Abends aufm Hof-
ein Hund bellt irgendwo.
Ich sitze, lausche, fühle
und bin vom Tag k.o.

Mein Abendbrot ist flüssig,
die Vögel singen laut,
ne Nachbarin spielt Geige,
find's toll, dass sie sich traut.

Die Melkroboter brummen,
das stört den ganzen Ort.
Ich trinke keine Milch mehr
und ziehe auch nicht fort.

Der Frühling kommt mal wieder-
mit Schwalben, Storch und Co.
Und Veilchenduft und Flieder
und Anfängen en gros.

Im Bauch hab ich die Sonne,
die Hoffnung kenn ich nicht.
Mein Blut geht in Kaskaden,
ich atme Zuversicht.

Gift

Gift im Tank und auf die Felder,
Gift soweit die Nase riecht.
Gift, das sind auch Fördergelder.
Gift, das nicht so schnell verfliecht.

Gift in meiner Stullenbüchse,
Gift als Netz am Himmel schwebt,
Gift auf Rehe, Hasen, Füchse,
Gift auf alles was da lebt.

Gift zum auf die Haut sich schmieren,
Gift im Fernsehapparat,
Gift geht herzlich an die Nieren,
Gift auf jeden Breitengrad.

Gift ist nicht „Zuviel des Guten",
Gift ist böse und gezielt.
Gift,- und das lässt viel vermuten
bringt zur Welt, der sie bestiehlt.

Der Arbeiter

Wie mit den großen, starken Händen
entschlossen er die Schaufel hält,
als müsse er stets Nöte wenden
von sich, dem Land, und von der Welt.

Das Tagewerk erfüllt ihn ganz,
sein Lebenselixier
so wie ein gut gelernter Tanz
von sieben bis um vier.

So jammert und so klagt er nicht,
die Zeit wär ihm zu lang.
Und wenn er von der Arbeit spricht,
dann hört man keinen Zwang.

Der Arbeiter macht's nicht für Geld-
auch wenn er's leider brauch,
in dieser kopfgestellten Welt
für Wärme, Dach und Bauch.

Frühlingsfest

Im Frühling, da schreibt sichs am besten,
der Winter ist nicht lange her,
die Schwermut ernährt sich von Resten,
und mein Herz ist mir nicht mehr so schwer.

Die Tinte, sie fließt wie die Elbe,
die Hand ist vom Schreiben verzückt.
Und niemand ist jetzt noch derselbe
nur die Kater,- nach Vögeln verrückt.

Auch die kümmern sich jetzt nach Kräften,
auf dass sich was findet im Nest.
Regiert wird nun alles von Säften,
und das Leben feiert sein Fest.

Und würd ichs nur einmal fixieren,
was los ist nun in meiner Brust,
es würde für immer so bleiben,
und darauf hab ich keine Lust.

Spaßvogel

Ein Clown, das bin ich oft und gern
ich mache mich zum Kasper.
Nehm's leicht wie unser schwerer Stern
und passe in kein Raster.

Denk ich und bin schon mittendrein
in eueren Schubladen-
ich will hier raus, manch einer rein,
die krummen und die geraden.

Als Komödiant da lebt sichs schön
da kann man alles machen.
Man kann die steilsten Pässe gehen
und über Fehler lachen.

Nicht so, als wärn sie gar nichts wert
oder was andres schlimmes.
Ein Lebensspiel, das mich beehrt,
und jemand sagt: los, nimm es!

Ich nehme wahr und nehme viel,
kann's nur für mich verwalten.
Und strebe doch vorbei am Ziel,
das Leben zu behalten.

Loblied auf einen Hausgenossen

Kaltes Katerfell, darunter warm,
nehm dich unverhohlen auf den Arm.
Du, mein kleiner Liebesgott,
schnurrst mich aus dem Alltagstrott.

Eben noch ohn Rast und Ruh,
augenblicklich nur noch du,
zeigst mir deine stille, große Welt,
die den Blick auf meine kleine mir erhellt.

Bist mir Guru, Vorbild, Meister,
gerader und auch schiefer Bahn,
Bettelmönch und Weitgereister,
Babajaga, Peter Pan.

Märchenprinz, Geheimnisträger-
wie aus einer andren Zeit.
Müßiggänger, Kleinwildjäger,
immer da, zum Sprung bereit.

Deine Grazie, deine Augen-
halte deinem Blick nicht stand.
Was kann ich dir denn schon taugen-
hoch den Tag, da ich dich fand!

Deine Zeit hier ist die meine-
brüderlich der zarte Bund.
Deine Botschaft ist die reine-
kostbar mit dir jede Stund.

Feuer

Das Feuer ist Wärme vom Besten,
das Feuer ist Tangomusik.
Das Feuer geht nieder im Westen,
und mit ihm, so hoff ich, der Krieg.

Das Feuer, es will lange fackeln,
das Feuer ernährt uns und sich.
Durchs Feuer die Bilder verwackeln,
das Feuer kennt nur ‚unterm Strich‘.

Ein Feuer schenkt Licht und auch Wonne,
wohl dem, der sich darauf versteht.
Wird letztlich geboren aus Sonne,
und Wind, der das gestern verweht.

Im Feuer wird alles vergehen
es macht aus Materie Geist.
Ein Feuer, das darf man verstehen
zum Wissen, was das für uns heißt.

Klarer Fall

Ein hohler Stamm, ein schönes Rohr,
mannshoch und armes dick,
bringt wundersamen Klang hervor,
wenn ich nach innen blick.

Ich schaue weit, ich schaue tief,
in meinen Kopf hinab,
viel weiter noch als wenn ich schlief,
fällt alles von mir ab.

So fall ich selbst von meiner Höh
ganz tief in mich hinein,
um klingend alles oder nichts
ein Teil vom Teil zu sein.

Vibrierend weis ich mir den Pfad-
lass alles gehen was will,
begehe an mir Hochverrat
und werde lächelnd still.

Sonntagmorgen

Sonntagmorgen, Regenschauer
Ich bin froh und bin bei Dir.
Dieser Tag liegt auf der Lauer
wie ein weißes Blatt Papier.

Habe alle Möglichkeiten,
tue es den Vögeln gleich-
pfeif auf alles, lass mich gleiten,
fühl mich frei, an Ruhe reich.

Will nichts, muss nichts, brauch nichts haben
bin – und das genügt mir schon.
Flieg im Traum mit sieben Raben
um den Kirchturm und davon.

Hör von fern der Menschen Lieder,
neue Woche – neues Glück.
Und mit Nachtwind im Gefieder
kehre ich zu Dir zurück.

tausend

Quietschen tausend Stare in der Fichte
morgenfrisch
greif verschlafen ich mir in die Haare
eh ich meine Sorgen drunter misch.

Tausend Rädchen im Getriebe
tausend Seelen, einer gleich
fragt ich mich , was davon bliebe
schwärme ich und schreib es gleich.

gern

Ein Apfel der den Hunger stillt,
die Ros, die mir das Auge füllt.
Ein abwärts stürzend schöner Stern.
Ich sterbe gern.

Die Sonne, die jetzt untergeht,
ein süßer Wind, der weiter weht.
Des glühenden Holzes heißer Kern.
Ich sterbe gern.

Die lang gediente gute Maschine,
die talwärts rollende Lawine,
das Eis der Arktis kracht von fern.
Ich sterbe gern.

Der Lemming, den es heimwärts zieht,
des Sportes Held auf dem Zenit,
Die Küken, die gern Hühner wärn.
Ich sterbe gern.

Ein Jedes kommt ein Jedes geht.
Nichts was verweht, nicht neu entsteht.
Ach, wenn ich das im Leben lern,
dann sterb ich gern.

weiden

Weide, Wasser, Aspirin,
Kopfschmerz, Flöte, Trampolin.
Wind wiegt wendig Salicyl,
schließ die Augen still und fühl.

Hör von fern, die Brandung rauschen,
vernehme großen Ozean,
Weide sagt, hier musst Du lauschen,
Wasser hört auch so sich an.

Vögelein auf Salix' Schwingen,
tanzt wo tausend Wasser klingen.
Du den starken Wurzelbaum,
weiche Zäune, Ackersaum.

Selbst Kätzchen fürchten nicht das Nass,
noch Pferde deinen Peitschenhieb,
ich flecht nen Korb mir und ich fass
den Baum, der mir die Zeit vertrieb.

Ja, diese zarte Liebelei mit all ihren Geschenken,
lässt mich zu guter schöner Letzt
in goldnen Ästen denken.

Eins ist gewiss, die Pharmazie
hört solche hölzern' Wasser nie.

Zwei Blasen

(zur Musik von „Zwischen Berg und tiefem tiefem Tal", Volksweise um 1800)

Zwischen Werk und Digi-Digital
gab es einst zwei Blasen,
die nicht untern Hut zu kriegen warn,
die nicht untern Hut zu kriegen warn,
warn zu aufgeblasen.

Als die eine Blase Blase platzte,
musst' die andre lachen,
weil sie nicht kaputt zu kriegen war,
weil sie nicht kaputt zu kriegen war,
Menschen brauchen Sachen.

Menschen machen Sachen lieber selbst,
weil sie sich dann spüren,
und das kann kein Rechner dieser Welt,
und das kann kein Rechner dieser Welt,
kahann nur verführen.

Wenn wir Menschen diesen Spuk durchschauen,
wird das Blatt sich wenden,
unsre Hand wird unser Meister sein,
unser Herz wird unser Lenker sein,
und das Werk vollenden.

Herbstzeitlose

Kranichzauber, alte Weiber,
Sommer ist gegangen.
Pilzgeruch, Gedichteschreiber,
goldne Sternlein prangen.

Sterne heißt auf Englisch stars,
mancher ist verloschen.
Gold und Glitzer, bums das wars.
Korn wird jetzt gedroschen

Rost wird jetzt noch rostiger,
alter Lack muss runter,
Most macht wieder mostiger,
Kaffee nicht mehr munter.

Weihnachtliche Marktwirtschaft,
hats mir fast verdorben,
draußen wird mit voller Kraft
ästhetisch bunt gestorben.

Der Bau

Die Pläne sind alt-
doch nun ist es soweit!
Der Wind ist noch kalt,
doch wir stehen bereit.
Die Ärmel gekrempelt-
für Mensch, Hund und Maus-
wir bauen ein Haus!

Fundamente gegossen,
und Schwellen verlegt,
den Kaffee genossen,
und Sparren gesägt.
Nach dem Richtscheit der Freude
gehen wir geradeaus.
Wir bauen ein Haus!

Behördliche Hürden,
die lähmen uns nicht,
denn wenn sie das würden,
so gäb es uns nicht.
Den Zweiflern zur Schande,
den Spöttern zum Graus.
Wir bauen ein Haus!

Material ist willkommen,
wenn es Holz, Lehm und Stroh
so dankbar gewonnen,
denn das macht uns froh.
Wenn das Leben dich liebhat,
zieh's dir rein und verdau`s!
Wir bauen ein Haus!

Wenn das Jahr sich bald neigt
ist der Rohbau vollbracht.
Keine Zeit ist vergeigt,
alles steht wie gedacht.
Wie ein Heimspiel gewinnen,
ohne Abseits und Aus.
Wir bauen ein Haus!

Irgendwann ist es fertig.
Menschen leben sich ein,
scharen froh um den Herd sich,
glück- und häuslich zu sein.
Und wenn wir dann vorbeigehn,
singen hell wir und laut,
dieses Haus, liebe Leute,
haben wir euch gebaut!

Suppe

Ein Löffel für den Bauernstaat,
ein Löffel für die Bank,
ein kleiner für den Bier-Etat,
und einer für den Frank.

Zwei Löffel werden zu Benzin,
zwei füll'n die Vorratskammer,
ein halber für die Disziplin,
und einer für den Jammer.

Drei Löffel sind ne Hausnummer,
das ist ja schon ne Gruppe,
wo jeder anders, alle gleich,
und alle löffeln Suppe.

sonntagen

Sonntägliche Morgenmilde,
grundlos Glück sitzt hinterm Haus,
Schwalben stürzen ins Gefilde,
Kamikaze Augenschmaus.

Muss nicht Argumente finden,
für das, was ich heut nicht tu,
auch nicht stark sein und mich winden,
heute lass ich mich in Ruh.

Chille, döse, lass mich gleiten-
alle fünfe gerade mein,
soll der Wind die Segel blähen,
und der Anker Anker sein.

Ich bin Gast heut in der Stille,
Pflanze, Zwerg und Eigensinn,
mit geweiteter Pupille
sonntage ich vor mich hin.

Zu oft und zu lange

Ich pass auf, dass mich mein Entsetzen nicht
lähmt,
hab mich zu oft und zu lange schon für euch ge-
schämt,
hab mir zu oft und zu lange an den Kopf schon ge-
fasst,
hab euch zu oft und zu lange voller Inbrunst ge-
hasst.
Hab mir zu oft und zu lange nen Erlöser ge-
wünscht,
mir Applaus aufgespart für den Mob, der euch
lyncht.
Hab zu oft und zu lange Vergebung geübt und
war zu oft und zu lange aufs Neue betrübt.
Hab zu oft und zu lange euer System hinterfragt
und zu oft und zu lange mir das Jammern versagt,
zu oft und zu lange seid ihr wiedergekehrt,
habt mir und den andern das Leben erschwert,-
zu oft und zu lange geklaut und betrogen,
zu oft und zu lange die Wahrheit verbogen,
zu oft und zu lange nur Spaltung und Schmerz,-
ich wünsch euch nen Eichenpflock
mitten ins Herz!

Mutter Aller Dinge

Du komponierst, man nennt es Welle,
ob in Wasser oder Zelle,
das Muster aller Möglichkeiten
in alle, auch vergangne Zeiten.

Unsereiner fragt sich gerne,
wie, und auch, von welchem Sterne,
du herabgestiegen kamst,
als du Kurs auf unsern nahmst.

Hirngespinste und Grimassen
können wir dein Werk nicht fassen.
Versuchen' s dennoch immer wieder,
erfinden Unkraut-Ex und Mieder.

Wolln deine Herrlichkeit beschneiden,
uns lieber an Abstraktem weiden.
Wir stapeln hoch und bauen tief,
wo jemand einst nach Mitte rief.

„Sie haben nichts davon verstanden"
wie es dann später wieder heißt.
Was nicht geliebt wird, kommt abhanden,
was nicht zusammenhält, zerreißt.

So machen wir uns viel Gedanken,
über Schleusen und auch Schranken
übers Lenken und Entfernen,
„Gott bewahre, bloß nichts lernen"!

Wir sind ja der Schöpfung Krone,-
so wie wir stolz und oft behaupten.
Und was nicht mit geht, das geht ohne
steht in den Büchern, den verstaubten.

Du bist die Mutter aller Dinge,
wir deine Kinder, auch wenn's niemand glaubt,
und seidenweich zieh'n Deine Ringe
durch Pfützen sich und Sternenstaub.

Erkenne mich und dich als eines,
dass nicht verbessert werden muss.
Ursprünglich Wahres, so, wie Reines,
ist stets der Schönheit letzter Schluss.

Winterboten

Schwalben, Störche, Zuversicht
das Jahr scheint fast im Kasten.
Ich bitte euch, verlasst mich nicht,
das könnte mich belasten.

Schau ich euch nach, dann schwärme ich
nur leider ohne fliegen.
Die Glücksbringer entfernen sich,
die Dunkelheit wird siegen.

Der Garten ist bunt, und er schenkt was er will,
die Wühlmäuse feiern das hart.
Die Äcker sind leer und die Bienen sind still,
nur die Pilze im Wald sind am Start.

Die Gewissheit des Winters kompromisslos und
stark,
sie erdrückt mich wie Wolken aus Stein.
Und wenn ich zur Rettung mein Innres befrag,
dann kann es wohl Liebe nur sein.

Und so liebe ich sittsam und ohne Geflenne
den Winter und all seine Schergen.
Bestell mir `ne Pizza und spar mir Gerenne
und Aktivurlaub hinter den Bergen.

Holzkopf

Von Streuobstwiesen Apfelsaft-
der macht mich hell und gibt mir Kraft,
und Winterholz von eben diesen
darf hier in neue Formen fließen.

In Formen, die zum Inhalt fassen,
vielfältig sich gestalten lassen.
Ob Löffel, Kelle, Schalen, Knopf-
das Holz geht mir nicht aus dem Kopf

So sitz ich hier, genieß mein Tun
vergesse gern, mich auszuruhn.
Die Mucke stimmt, die Späne fliegen,
ich schnitze mich zu kleinen Siegen.

Die großen Siege brauch ich nicht,
die haben mir zu viel Gewicht.
Ich weiß, was laut Physik geschieht,
dass Masse stets nach unten zieht.

Nach unten ziehts mich irgendwann,
die Messer werden stumpf mir dann,
und lieg ich in der Kiste stolz
dann ist die Gottseidank aus Holz.

Katerblut

Mein Kater ist aus Fell gemacht,
aus Knochen, Blut und Sehnen,
ist schwanzgesteuert Tag und Nacht,
und kann sich mächtig dehnen.

Er schnurrt, wenn er ganz wohl sich fühlt,
aus vollster Katerkehle,
und riecht, als wär er weichgespült
wie eine gute Seele.

Mein kleiner Kumpel Mäuseschreck
bewacht den ganzen Hof.
Und komm ich wieder, - nur kurz weg,
dann freut er sich wie doof.

Und wenn er manchmal Geister sieht
in seinen fünf Minuten,
dann jagt er nur die bösen weg
und stellt mir vor die guten.

Zur Plastik wird er, wenn er jagt-
er muss sich nicht beeilen.
Zur Not kann er den ganzen Tag
ganz steif und starr verweilen.

Agil wird er, wenn`s Futter gibt-
er flippt dann förmlich aus,
umtänzelt das, was er so liebt,
und pfeift auf jede Maus.

Und wenn er abends bei mir liegt-
so weise, still und gut,
dann hätt ich gerne fünf Prozent
von seinem Katerblut.

Du und Dein Garten

Du und Dein Garten, zehntausende Arten-
seid so unterschiedlich, mal hässlich mal niedlich,
müsst wachsen und treiben,
wollt gehen und bleiben,
und Wunder vollbringen und Loblieder singen.

Wollt niemand bekehren, nur gütig belehren,
dass milde Regentschaft Gemeinsamkeit pflege,
nicht Leben mit eisernem Willen belege,
dass alle Natur eine Mischkultur ist
und Du immer eines von Vielen nur bist.

Du siehst Elemente nen Kreistanz vollführen,
weißt, dass ihn auch Hummeln und Ameisen spü-
ren,
dass falln muss was steigt und steigen was fällt,
wie Du und Dein Warten, Dein Garten, die Welt.

Didge die Ruh!

Sprich das Unaussprechliche,
kling, du Unbestechliche,
sing mir Lieder tiefer Weiten,
luftig warme Schwingen breiten
unterm Wurzelwind verborgen,
aus dem Grauen in den Morgen
alten Volkes Wahrheit aus.

Ein Gedanke stellt sich fahrend
in des starken Klanges Strom,
die gewählte Form bewahrend
rauscht er übers Meer davon.
Hin zu neuen, alten Stränden,
die die Zeit vergessen hat,
hin zu Kräften, die mich blenden,
die ich hör an meiner statt.

Pumpend gebe ich den Fluss,
atme spielend alle Sphären,
schenk dem Weltall einen Kuss,
nichts und niemand zu beschweren.
Atme Täler, Berge, Meere,
träume Menschen und Getier,
sehn mich nach der großen Leere,
sie in mir und ich in ihr.

Umschwung

Der Herbst stellt sich ein,
die Sonne wird schwächer,
man fühlt sich allein,
es glänzen die Dächer -
vom Tau, der sich still
aus dem Sichelschein stahl
und den Bäumen das Wechseln
der Kleider befahl.

Der Westwind,
der viel zu zerstören vermag,
Getöse aus Nichts,
irgendwann kommt der Tag,
da dreht er auf Ost,
da, wo alles beginnt,
und er bringt uns den Frost
und das heilige Kind,
das als Tag und Nacht gleich,
uns in Liebe geschworn,
was in Liebe vergeht
wird in Liebe geborn.

Stattlich staatlich

Der Staat, der Staat,
was ist das denn?
Ein Riesenhaufen Müll,
den ich sortiere, den ich trenn,
den ich vermeiden will.

Der Staat, der Staat,
ich fass es nicht,
solang ich denken kann,
schenkt er nicht Wärme und nicht Licht,
und stellt sich blöde an.

Der Staat, der Staat,
ein Wasserkopf,
ein Topf mit einem Loch,
ein großer Hals mit einem Kropf,
ein ignorantes ‚Doch!'.

Der Staat, der Staat-
das bin ja ich
hat jemand mal gemeint.
Wir gehen weiter auf den Strich-
in Staatlichkeit vereint.

Der Staat, der Staat-
wird abgeschafft.
Seid alle mit dabei-
wir sind genug und haben Kraft!
Drum ,Auf ihn mit Geschrei' !

Billige Räusche

Schwalbenknarz, Windstille, Wärme aus Mauern,
Kater, die guter Gelegenheit lauern.
Nie endende Abende – Sommernachtsflair,
mein Geist in den Sternen
und in mir das Meer.

So sitze orange ich im Spiegel ganz still,
frag nicht, was ich wollte und denk, was ich will.
Bestimmt keine Antwort, bis jetzt ging es gut,
denn wenn ich die hätte, verließ mich der Mut.

Hans-Albern-im-Glück und Hans-guck-in-die-
Luft,
so fühl ich mich gut. Und ich mag diesen Duft
von Sonne im Herzen und unkompliziert
von Rotwein und Scherzen und unkonzentriert.

Am Leben zu sein mit Sinnen zum Fühlen,
mit Händen, die durch den Alltag sich wühlen,
mit Augen, die sehen und Ohren die lauschen,
so lässt sichs vortrefflich am Dasein berauschen.

Der Winter der Worte

Kriecht der Nebel aus den Wiesen,
kühl,- die Erde atmet aus,
will ein Feuer ich genießen,
setz mich schweigend hinters Haus.

Während ich erst Kleines nehme
und dann Großes, dass es brennt,
denke ich das Unbequeme,
das mich hemmt und stört und trennt.

Knisternd lodert, was ich dachte,
knackt, verglüht und wandelt sich,
klingt, als ob es dabei lachte,
lächle auch - ganz wesentlich.

Bin berührt von dieser Wärme,
die sich an mein Innres legt,
schleicht durch Brust mir und Gedärme,
so, als würd ich ausgefegt.

Bald schon senkt sich große Wonne
schwebend leicht auf mich herab,
und ich fliege in die Sonne,
offenes Gedankengrab.

Seh mich sitzen da im Garten
in der Flammen goldnem Schein,
so als könnt ichs nicht erwarten
und möcht selbst bald Flamme sein.

Dabei brenn ich ja schon längst,
bin mir selbst Petrol,
brenne heißer, als du denkst,
fühl mich damit wohl.

Flieg mit leichtem, flüchtgen Geist
nächtlich an die Orte,
die kein Winter mir vereist,
auch nicht der der Worte.

Ausklang

Die Sonnenblume zeigt auf mich
und Herzen fliegen fort,
der Himmel steht mir im Gesicht,
ich bin gern hier wie dort.

Schweb eine Hand breit drüber weg,
fühl mich gern überall,
wie Laub, dass wenn es abwärts fliegt,
beglückt genießt den Fall.

Herbstkühltrüber Morgengarten,
Leben gießt sich hin,
riecht nach „frohen Mutes warten",
fühlbar voll mit Sinn.

Vollgepackt mit Schnapsideen
streikt das Erdenjahr,
will nicht mehr so weitergehen
alt und sonderbar.

„Wachstum! Wachstum!" schreit der König,
dumm wie Bohnenstroh,
viel zu sein bedarf es wenig,
ach, wie bin ich froh.

Späneberg

Wie unter mir die Späne knistern
in meinen alten Werkstattmauern,
bestimmt, als wollten sie mir flüstern,
der Tag heut möchte ewig dauern.

Ich steh auf Ihnen, steh auf sie,
vermehre ihre Zahl,
und habe besser gleich als nie
zum Schönen keine Wahl.

Es sehnt das Holz die Klinge blank
so lehr ich sie das Fliegen,
ich trinke Kaffee, schmecke Dank,
und könnte Löffel biegen.

Frisch geh ich an mein gutes Werk-
addier dem Holze Sinn,
vergrößere den Späneberg,
und freu mich, dass ich bin.

Anfang Mitte Ende

Jahresanfang, Jahresplanung,
viel zu tun und keine Ahnung,
wildes Wasser, halt mich, rausche,
während ich nach draußen lausche,
Menschenklein, Systemprophet,
Wissen, was zu Ende geht,
Wissen, was schon immer war,
Jeden Tag in jedem Jahr.
Such mein Leben an den Rändern,
sollte mein Profilbild ändern,
öfter in die Mitte gehen
und nach meinen Pflanzen sehen
in dem schönen, wilden Garten,
wo die Drecksarbeiten warten,
die am Ende satt mich machen,
- Arbeit generiert -
und ich werde schlapp mich lachen
- Schicksal akzeptiert -.

Mein (Kater-) König

Schwarzes Tier, du schönes du,
bist Behaglichkeit und Ruh,
musst ja nur dir selbst gefallen,
pflegst Geduld dir und die Krallen.

Frequenzen fein schenkst ehrlich du
in die vertraute Luft,
dein dunkler Pelz singt Harmonie
und sahne-süßen Duft.

Du schläfst, solange es dir passt
und kennst nicht Hektik und nicht Hast,
es funkelt mir dein Augenstern
in deinem Felle steckt ich gern.

Und sei es nur für eine Nacht,
dass du mir dies Geschenk gemacht,
ich würde sehnend in dir liegen
und schnurren, dass sich Balken biegen.

Im Traume würd' ich Mäuse fangen,
nach Schmetterlingen würd' ich langen,
und bang würd' ich den Morgen sehn,
da ich als Mensch müsst weitergehn.

Drum kann ich gleich als Mensch verbleiben,
gehorsam dir die Zeit vertreiben,
währn'd ich mich deiner Anmut freue
und keinen Augenblick bereue,

den du gebieterisch begleitest
und sanft mir meine Schritte leitest.
Des Lebens Schönheit du mir zeigst
vor niemandem du dich verneigst.

Ja, alles ist für dich gewoben
die Bien' im Gras, die Sternlein oben.
Brauchst weder Goldes du, noch Geld-
du bist der König meiner Welt.

Heckenhausen, die Erste

Bausparvertragseinwilliger
kriegens im Dutzend billiger.
Die Kuchenstücke sind geschnitten,
ums beste wird sich nicht gestritten.

Das kriegt die, die den Einfall hatte-
die schlauste Immobilienratte.
Den Städter ziehts nicht an den Rand-
er investiert und geht aufs Land.

Dort baut sich, was im Planquadrat,
wer weder Geld noch Seele hat,
denn der Kredit ist schnell vergeben
und man hat plötzlich Sinn im Leben.

Auch, wenn die Schuldenlast ihn drückt,
der Stadtmensch ist vom Land entzückt.
Macht mit nun im Gemeinderat
und baut an seinem Ordnungsstaat.

Wo früher rote Ziegeldächer,
diktiert ein ganzer Farbenfächer,
wie sich der neue Dörfler gibt
und was er an der Freiheit liebt.

Das worldweb weiß, wo Schönheit wohnt,
damit der Weg zum Baumarkt lohnt.
Dort kauft er hundert Koniferen
und lässt sich zu noch mehr bekehren.

Er hat ja jetzt ein Eigenheim,
da kann man schon mal eigen sein.
Der Rasen wird nun wegrobotert,-
so,- wie man seine Schuld abstottert.

Wo keine Koniferen stehen,
da kann man seinen Nachbarn sehn.
Gewissermaßen sieht man sich-
ohgoddogott,- das will man nich.

Man will in Ruhe auf dem Land
leben, wies in der Landlust stand,
mit Wohlstandseinheitsbreigemisch
und Bio-Marken auf dem Tisch.

So sitzen sie in den Parzellen
vor ihren weg geschwommnen Fellen,
die Freiheit trägt ein dunkles Kleid
da wird man lieber gelb vor Neid.

Bedauernswert ist anzuschaun,
was sie heut an die Dörfer baun.
Als hätte nie jemand gemauert
was tausend Jahre überdauert.

Gedämmt, verklebt und eingeschlossen,
in immer gleiche Form gegossen,
stehn Wohnklos da zum Augenleid
vor Zeugen der Vergangenheit.

Ich hoff, die Koniferen streben
dann werd ich es wohl noch erleben,
dass die Natur zurück sich holt,
was ihr so schlimm den Arsch versohlt.

Heckenhausen die erste
war, so dacht man, die schwerste.
Altes Dorf, voll von Stöhnen,
wird sich nie dran gewöhnen.

Heckenhausen, die Zweite

Teppichrasen, Bienenende,
Thermoskannenschimmelwände,
Grillmaschinen- topmodern,
DiscoDisco-Weihnachtsstern.

Passive Häuser, passive Leute,
Schwiegersohnmaßstab, verzogene Bräute.
Doppelgarage, Ford Ka, SUV,
Jack Wolfskin-Klamotten – Hab-Acht-Ironie.

Friedhofsraketen und Hartlaubexoten,
mit Dekogewittern die Nachbarn ausboten.
Wohnhaft in Eigenheim, Bunker und Loft
Sicher ist sicher, ganz sicher und soft.

Rattanplastikloungemöbel, Terassenlaufsteg
LED-Solar-Erdspieße weisen den Weg-
in die Komfortzone, rein ins eigene „reich".
Euer „reich" ist so kleinlich und ihr seid alle gleich.

Heckenhausen, die Zweite
(die Erste gibt's schon nicht mehr…),
Scheidung, Sondermüll, Pleite-
alles ohne Gewähr.
Kleingeist zu Status im Nutzerformat
nur wer hier kauft, hat wirklich gespart.

Ansage

Eiseszapfen, Spiegelspitzen,
kriecht der Frost in alle Ritzen.
Er, der längst gegangen war,
war ganz plötzlich wieder da.

Um zu meucheln Knosp und Blüte,
stahl er sich in Frühlings Güte,
kam hinterrücks hereinspaziert,
hat junge Schönheit kalt fixiert.

Will eine Woche ihm gewähren,
entlass ihn dann in allen Ehren,
den großen Eiser, knirsch und steif,
die Sonne sengt ihm bald den Schweif.

Goldner Kräfte Wonnen bahnen,
was wir tief im Innern ahnen,
bricht nun aus sich selbst hervor,
vibriert mir Brust, Schoß, Hand und Ohr.

Der alte Knacker will nicht weichen,
geht dafür sogar über Leichen,
frag zornig ihn ‚Was willst du noch
dir bleibt ja nicht mal eine Woch?'.

‚Ich möchte nicht vergessen werden,
wie so Vieles hier auf Erden.
Ohn' mich gäb's keinen Frühling nimmer,
und das mein Freund, bedenke immer:
ich, Tod,- des Lebens großer Bruder,-
halt nicht, sondern bin das Ruder.'

„Im Märzen der Bauer..."

Wohl gestimmte Vogelkehlen
formen Schlagermelodien,
während alle armen Seelen
mit dem Licht flussaufwärts ziehn.

Wie sie lärmen, singen, schallen,
stürzen in den Lebenstraum,
ich genieße dieses Wallen,
geb ihm gerne Recht und Raum.

Jung das Land, ich spür die Frische,
alt der Staat, ich meide ihn,
leg mich unter Blütenbüsche
und ersauf in zartem Grün.

Jedes Jahr auf seine Weise
kommt der Frühling übers Rund.
Was einst tot war,- still und leise
tut sich just aufs Neue kund.

Selbstbewusst und kerzengerade
duften Hyazinthen stramm,
und von ferne hör, oh Gnade,
rufen ich das Osterlamm.

Ach wie wird mir leicht zumute,
ich vertraue diesem Lauf
Spüre frische Kraft im Blute,
nehm die Mühsal gern in Kauf.

Stehe glücklich in der Scholle,
säe breit in Urvertrau'n.
Lerchen zwitschern mir, ich solle
Mut und Zuversicht anbaun.

Holz im Mund

Man kann ihn sanft zum Munde führen,
die Suppe damit sämig rühren,
den Zucker in den Kaffee scheffeln
und hastig morgens Müsli löffeln.

Man kann ihn mit auf Reisen nehmen
und braucht sich seiner nicht zu schämen.
Landein, landaus wird zu Gepäck
das hölzerne Gourmetbesteck.

Man braucht nicht Erz- noch Kohlefeuer
Metall ist ohnehin zu teuer.
Stattdessen lieber selbst ihn schnitzen
und dabei schön im Garten sitzen.

So fließt die Freude, die man spürt,
in ihn, so deine Hand sie führt.
Vergebens ist nun alle Hast,
weil Du Dein schönes Tuen hast.

Von Klingen scharf die Späne purzeln,
so schnitzen wir uns zu den Wurzeln.
In hüfthoch weichen Spänehaufen
verfliegt die Lust, Besteck zu kaufen.

Ein Holzlöffel ist ein Symbol
für Selbstgemacht und ‚fühlt sich wohl‘,
fürs Schöpfen und fürs Suppe essen
und fürs ‚sich selbst im Tun vergessen‘.

Der Strom

Wir bauen Brücken, dich zu queren,
Mauern, um dich zu beschweren,
Deiche, um dich anzupassen
schließlich füllst du uns die Kassen.

Bist ein schlimmer Eigenbrötler,
Querulant und Zeitvertrödler,
aber daran soll's nicht liegen,
werden Dich schon geradebiegen.

Wir halten gern an deinen Stränden
ganz verliebt uns bei den Händen,
während du, mal leicht mal schwer,
unsre Sorgen trägst zum Meer.

Fruchtbar machst du uns das Land,
wie wir das Mehl mahlst du den Sand,
und gleichsam einer Eieruhr
zählst du die flüss'gen Stunden nur.

Während wir Gifte in dich schütten
und kühlen unsre Kernkrafthütten,
folgst du beständig deinem Lauf,
gibst weder, nach noch gibst du auf.

Kommst nicht zur Ruh und schläfst nicht mehr,
wirfst dich im Bettchen hin und her.
Früh plätscherst du, spät wirst du stark,
dir ist's egal, ob man dich mag.

Wir haben's Land ihm abgerungen,
unsren Triumph gar laut besungen,
selbst wenn die Flut uns alles nimmt,
dann wird von Neuem angestimmt.

Genommen, was uns nicht gehört,
an Flusses Leid sich nie gestört,
so gehen wir lange durch die Zeit,
die Freuden kurz und groß das Leid.

Wir könnten alle von ihm leben
wenn er was will, so ist das Geben.
Er möcht' uns einfach nur beschenken
uns, die wir nicht im Traum dran denken.

Dass er lebendig ist wie wir,
wie seine Auen samt Getier.
Die Aufgabe in diesem Spiel
ist einfach, Mensch nimm nicht zu viel.

Im Großen Ganzen wie im Kleinen
schenkt uns das Wasser, möcht' man meinen,
das Leben als wie auch das Ende
es fließt und rinnt uns durch die Hände.

Drum wär's wohl gut, wenn wir dies Fließen
Verstünden, um ihn zu genießen,-
den guten, wahren, schönen Strom.
Wenn wir ihn lassen, richt er's schon.

Schöne Aussichten (in Arneburg)

Seit tausend Jahren steht die Stadt
hoch überm schönsten Fluss,
was man noch nie gesehen hat,
dass sie sich stützen muss.

Wo unverstellt genießbar war
die Welt mit weitem Blicke,
steht nun ne Aussichtsplattform da
charmant wie eine Krücke.

Man sieht das Ding von Weitem schon-
die Unzier möchte warnen,
dass Machenschaft und Geltungssucht
sich heute nicht mehr tarnen.

Stahl mit Beton und Tropenholz-
wohl klar, was das bedeutet,
sind heut der Kleinstadt größter Stolz
die Abendglocken läuten …

Ende

Der letzte Tag im Alten,
das Zeitmaß ist erfüllt,
jetzt heißt's nur noch verwalten,
der Hunger ist gestillt.
Kalenderblätter fallen,
die Bäume stehen blank,
der Wind geht durch die Hallen,
und meinen Bücherschrank.
Ein Kreis hat sich geschlossen,
die Segel sind gesetzt,
kein Pulver ist verschossen,
und niemand ist verletzt.
Das Neue kommt geschlichen,
so wie der Fuchs zur Nacht,
der Turm wird frisch gestrichen,
eh er zusammenkracht.

DANK

Hier nun möchte ich allen danken, die immer offen und ehrlich zu mir waren.

Ohne eure Kritik und ‚vor allem‚ euren Zuspruch hätte ich niemals „meinen Krempel" als Buch veröffentlicht. Vielen Dank für diesen Anstoß!

Empfehlung

Seit 15 Jahren schnitze ich nun schon Holzlöffel.
Ich kann sagen, dass mich noch keine Tätigkeit so
zufrieden und glücklich gemacht hat.
Es ist eine wunderbare Erfahrung, seine Zeit so
sinnerfüllt und sinnvoll zu verbringen.
Mit minimaler Werkzeugausstattung und, in unseren Breitengraden, einem nahezu unerschöpflichen
Materialfundus kann mensch sich mit einer Axt
und einem guten Messer eine illustre Fülle an
nützlichen Dingen einfach selbst herstellen.
Ich möchte es als nahezu heilsam beschreiben, wie
dabei der Geist zur Ruhe kommt und sich der Körper erfrischt und erholt.

Wer Interesse an einem Schnitzkurs hat, kann mich
gern kontaktieren.

www.holzklangspiel.de

Inhaltsverzeichnis